国境のくらし

長崎県対馬市
(つしま)

JN080655

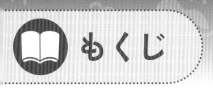 もくじ

国境へ行ってみよう!

HOW TO USE

この本の使いかた

本文中に【➡P.22】【➡8巻】とある場合、関連する内容が別のページやほかの巻にあることを示しています。

グラフや表では、内訳をすべてたし合わせた値が合計の値にならないことがあります。また、パーセンテージの合計が100%にならない場合があります。これは数値を四捨五入したことによる誤差です。

データのランキングや生産量などは、数値が非公開となっている項目は入れずに作成している場合があります。

この本にでてくるマーク

コラム　読むとちょっとものしりになれるコラムを紹介しています。

 とりあげたテーマについて、くわしい人に話を聞いています。

三元豚＊にくらべ　このマークがついている用語には役立つ情報を補足しています。

3

はじめに

　左ページの写真は、対馬で見られる景色の一部です。左上の海岸の写真には、外国の文字が入った大きなごみが写っています。その下の写真を見ると、展望台からは韓国の夜景、その手前には自衛隊の基地が見えます。右側中央の写真は、あか牛の飼育風景です。この牛の原種は大陸から伝わってきた朝鮮牛だといわれています。

　日本は島国です。みなさんは、日本にいくつ島があるか知っていますか？　すべての島の海岸線の長さを合わせるとアメリカ合衆国やオーストラリアよりも長いです。そして日本の国境はすべて海の上にあります。

　陸地で生活しているわたしたちにとって、国境はどこか遠いところにある存在に感じられるかもしれません。しかし国境が近い対馬市では、生活の中で隣国の存在を意識することが多くあります。

　たとえば季節風や海流の影響で、海岸には近隣の国や地域から多くのごみが流れつき、回収にとても多くの手間とお金がかかります。回収したごみはリサイクル資源や燃料として活用する努力をしています。

　また、歴史のなかでいつも隣国との関係に翻弄されてきました。ときにはひどい戦場になり、多くの犠牲が出たり、重要な軍事拠点とされたりもしました。現在でも、外国船の密航や違法操業をとりしまり、事故や自然災害の被害者を救助する海上保安庁が、周辺の海を24時間体制で警備しています。

　そのいっぽうで、隣国との交流もさかんで、多いときでは一年で人口の10倍以上の観光客が韓国からやってきたこともあります。朝鮮通信使の来訪を模した祭がおこなわれていたり、韓国人観光客を意識したおみやげなどが多く売られたりしています。

　国境に近い場所での生活には、どのような特徴があるのでしょうか。この本でいっしょに学んでいきましょう。

國學院大學　山本健太

長崎県対馬市は、朝鮮半島にもっとも近く、交易の窓口として古くから栄えてきました。国境と対馬について調べてみましょう。

日本の国境はどこにある?

3つの領域から成る国土

　日本は地球の北半球に位置し、まわりを太平洋や日本海などの海にかこまれ、多くの島から成り立っている国です。北海道、本州、四国、九州の4つの大きな島と、1万4125の島[1]（2022年1月現在）が太平洋と日本海のあいだに弓のように連なっています。海岸線はすべてを合わせると約3.5万kmあり、世界で6番目の長さをもっています。

　国土は国境線にかこまれた3つの領域である領土、領海、領空から成り立っています。領土とは、その国のもつ陸地と、湖や川などを合わせたものをいいます。領海は、海岸から沖に向かって12海里（約22km）までの海のことです。領空は、領土と領海の上空のことです。

　日本の領土は、最北端が北海道の択捉島、最東端が東京都の南鳥島、最西端は沖縄県の与那国島、最南端は東京都の沖ノ鳥島になります。

　日本の領土は約38万㎢あるのに対し、領海は約43万㎢あります。これはアメリカ、オーストラリア、インドネシア、ニュージーランド、カナダに次ぐ世界で6番目[2]の広さ（2022年）です。

＊1国土地理院の計測による。　＊2国土技術研究センター発表。

▼ 沖ノ鳥島 日本の最南端にある珊瑚礁の島。島内には、満潮のときも水没しない北小島、東小島の2島が存在する。

▼ 西之島 2013年11月以降、噴き出した溶岩で陸地が拡大しており、領海も70㎢拡大した。写真は、2023年6月14日のようす。

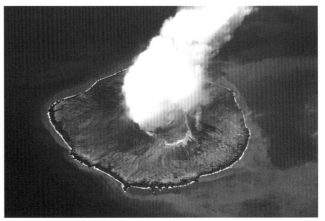

日本の国土の概念図

- ● 領土
- ○ 領海
- ○ 排他的経済水域
- ◎ 接続水域
- ● 延長大陸棚

領海から沖にむかって24海里（約44km）の海域（領海をのぞく）。日本が自国の法律で他国をとりしまる権利を認められている。

日本の大陸棚からつながっているため、日本が資源を採取する権利を認められた海域。

択捉島（最北端）

日本海

黄海

東シナ海

日本

八丈島

太平洋

となりの国に近い島は限られているね

尖閣諸島

与那国島（最西端）

沖大東島

小笠原群島

南硫黄島

南鳥島（最東端）

沖ノ鳥島（最南端）

公海
特定の国の主権がおよばない海。

◎海上保安庁ホームページ掲載の「日本の領海等概念図」を加工して作成。本概念図は、外国との境界が未確定の海域における地理的中間線を含め便宜上図示したものです。

海の上にある国境

海岸から200海里（約370km）までは、漁業や石油などの天然資源開発採掘の権利が認められています。これを排他的経済水域（200海里水域）といいます。排他的経済水域には接続水域と延長大陸棚もふくまれます。

日本には陸上でほかの国と接する国境はありません。つまり、日本と外国の境界はすべて領海を基準とした海の上にあります。その国境に近い島のなかでも、対馬は国際交流がさかんなところです。

対馬市はどんなところ？

対馬を中心とした108の島

　長崎県対馬市は、大小108もの島々からなり、そのうち人が住んでいる島は6つあります。市役所があり、行政や経済の中心となっているのは、いちばん大きな対馬です。東西約18km、南北約82kmと細長く、リアス海岸とよばれる陸と海が複雑に入りくんだ美しい自然景観が特徴です。島の89％が山林におおわれ、平地は1〜2％ほど。対馬の烏帽子岳展望所から島を見わたすと、標高200〜300mの山々が海岸ぎりぎりまでせまっているのがよくわかります。

　対馬の北はしにある比田勝港から大韓民国（韓国）の釜山港まではおよそ63kmで、博多港（福岡県）までの半分以下の近さです。そのため、大むかしから中国大陸や朝鮮半島と九州をつなぐ中継地として重要な役割をはたしてきました【➡P.36】。

✏️日本と朝鮮半島を結んだ対馬

大韓民国
釜山港
巨済島
63km
比田勝港
対馬海峡（西水道）
対馬
対馬空港
厳原港

147km

韓国まですぐに行けるね！

壱岐島

博多港

▲ **浅茅湾のリアス海岸** 烏帽子岳展望所からの風景。山が海岸ぎりぎりまでせまっている。

せまい平地に人がくらす

　右は、土地利用図とよばれる、土地の使われかたを色わけして示した図です。住宅などたてもの用地は、リアス海岸の入り江の奥を中心に広がっています。田や畑などの多くは、河川に沿ってつくられています。

▲ **対馬市厳原町の中心地** 市役所やホテル、博物館などが集まる。

対馬の土地の使われかた

◎国土交通省発表の土地利用細分メッシュデータ（令和3年度）から作成。判読できない一部の土地利用については凡例からのぞいた。

- 田
- 畑地や牧場などその他の農用地
- 森林
- 荒地
- たてもの用地
- その他の用地
- 河川地および湖沼

鰐浦

烏帽子岳の展望所

島山島

浅茅湾

厳原町椎根

対馬市厳原町の中心地

対馬の気候の特徴は？

▲ 対馬の北のはしにある、上対馬町の鰐浦地区 山上に気象庁の観測所がある。

太平洋側の特色をもつ日本海の島

　対馬は日本海の南のはしにありますが、東シナ海から流れこむあたたかい対馬海流の影響をうけるため、年平均気温は16℃とひかくてき温暖です。また、梅雨と台風の時期にもっとも降水量が多くなるため、東京と同じ「太平洋側の気候」に区分されていますが、降水量は東京とくらべて多くなっています。

　「太平洋側の気候」のなかでも対馬は東京（千代田区）とくらべると、冬に降水量が増える傾向があります。たとえば2月の対馬では、東京の1.7倍の降水量があります。対馬の気候の特徴は、「太平洋側の気候」と冬に降水量が多い「日本海側の気候」を合わせもつことだといえるでしょう。

厳原（対馬市）と東京（千代田区）の月平均気温と月別降水量

◎気象庁発表の平年値（1991年～2020年の平均値）から作成。

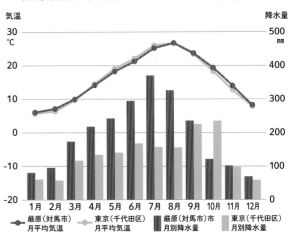

厳原（対馬市）月平均気温　東京（千代田区）月平均気温　厳原（対馬市）月別降水量　東京（千代田区）月別降水量

雪はほとんど降らない

右は、対馬市にある厳原（厳原町）と鰐浦（上対馬町）の2か所の観測所と東京の月平均風速をグラフにしたものです。対馬には1年をとおして強い風がふきますが、厳原よりも鰐浦のほうが強くふきます。鰐浦の観測所は、風の影響を強くうける島の北はしにあるからです。

冬の季節風は強くふきますが、日本海側の地域のように大雪は降りません。なぜなら、ユーラシア大陸と対馬が近いところにあるためです。雪を降らせる雲は、ユーラシア大陸からふく冷たい季節風が、海面から大量の熱や水蒸気をと

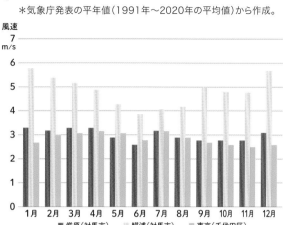

厳原（対馬市）、鰐浦（対馬市）、東京（千代田区）の月平均風速

＊気象庁発表の平年値（1991年～2020年の平均値）から作成。

■厳原（対馬市）月平均風速　鰐浦（対馬市）月平均風速　東京（千代田区）月平均風速

りこんで発達していきます【➡3巻】。季節風の海上の移動距離が短いと、そのぶん雪をふらせる雲もできにくくなるのです。

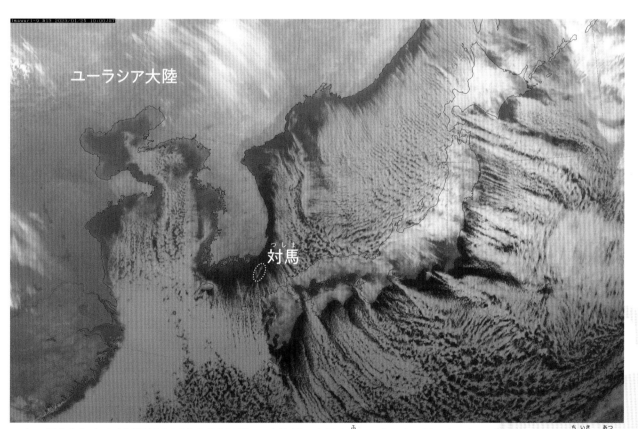

▲ 冬の日本海に出るすじ雲（2023年1月25日）日本海側に大雪を降らせたときの雲のようす。日本海側のほかの地域が厚い雲におおわれているのにくらべ、対馬の上空は晴れわたっている。

②対馬の生きもの

地球規模の気候変動により、対馬が朝鮮半島や九州とつながったりはなれたりをくりかえしたことで、対馬の動植物は多様な進化をとげました。

国境の島にすむ生きものの特徴は?

ほかとは少しちがう動植物

対馬は、ユーラシア大陸と日本とを結ぶ陸の橋のような役割をもっていたことから、生息する動物も4つにわけることができます。①日本では対馬以外にはいない生物（大陸型）②日本にはいるが中国大陸や朝鮮半島にはいない生物（日本型）③日本にも大陸にもいる生物（共通型）④そして、世界のなかで対馬にしかいない生物（対馬の固有種）がいます。

日本では対馬以外にはいない生物の代表は、国の天然記念物に指定されているツシマヤマネコです。沖縄県のイリオモテヤマネコとともに、国内に生息する2種のヤマネコのうちの1種です。

対馬で見られる鳥類の多くは、渡り鳥です。春や秋の渡りの季節には、多くの鳥が対馬をとおっていきます。これまでに対馬で見ることができた鳥は、約300種類以上といわれます。鹿児島県出水市にやってくるマナヅル、ナベヅルも対馬を通っていきます。9月には、対馬南部の上空を渡るアカハラダカの数が1日に1万羽をこえることもあります。

対馬の植物は、むかしから多くの学者の研究対象でした。なぜなら対馬にはユーラシア大陸の植物が多くあるからです。わずかに残る原生林から、自然植生は九州とほとんど変わらない森林だったと考えられています。いっぽうで九州と大きくちがうのは、ユーラシア大陸の植物がまじる割合が大きいことです。

また、日本をおもな生育地としている植物で対馬までは分布するが大陸にはないもの、日本の南をおもな生育地としている植物で対馬が北限になっているものがあるなど、日本と大陸をくらべたり対馬海流と植物分布の関係を調べたりするには最適な環境となっています。

✏ 多様な生物が生息する対馬

対馬は大陸と日本の生物がまじり、分布の境界になっている。

朝鮮半島

③共通型

①大陸型

対馬

④対馬の固有種

②日本型

分布境界線

九州

▶ツシマヤマネコ
対馬野生生物保護センターで保護されている
ツシマヤマネコ。約10万年前、陸つづきだった
ユーラシア大陸から渡ってきたと考えられてい
る。国の天然記念物。

▲ツシマウラボシシジミ
対馬の北部にだけ生息する約1㎝
の小さなチョウ。対馬市の天然記
念物で、絶滅危惧種。はねの裏側
に黒い斑点がある。

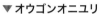
▼オウゴンオニユリ
対馬にだけ生息するオニユ
リ。オニユリ（オレンジ色）の
突然変異＊で生まれた種で、
黄色い花を咲かせる。植物学
者の牧野富太郎が命名した。
＊遺伝情報の一部に変化がおこる
こと。

▲ツシマカブリモドキ
ツシマにしか生息していない大型
のオサムシ。体長は4㎝前後。

◀ツシマサンショウウオ
体長9〜13㎝。対馬だけに生息する
サンショウウオ。

ホンドテンと
にているけど
少しちがう！

◀ツシマテン
本州にいるホンドテンが対馬
で進化したもの。冬になると
体は黄褐色、頭は灰白色にな
り、対馬ではワタボシカブリと
よばれる。国の天然記念物。

③対馬市のくらし

国境の島のくらしには、どんな特徴があるのでしょう。家づくりのくふうや学校生活、交通や国境警備、郷土料理などを見てみましょう。

対馬の家のくふうとは?

火事から食料や貴重品を守る

対馬市では河川の下流にできた低い土地や、海と山が両側からせまる海辺など、ひじょうにせまくて平らな場所を利用して町がつくられています。それがわざわいし、いちど火事がおこるとあっという間に町全体に燃えひろがるおそれがあります。そのため、農村や漁村の住宅には、火事から食べものや貴重品を守るためのくふうがあります。その方法はおもに①人々がふだん生活する主屋とは別に石でできた屋根の石屋根倉庫をつくり、食料や貴重品をしまっておく、②川沿いや海岸の近くに各家の石屋根倉庫を集めてたてる、のふたつです。

1978(昭和53)年には245棟あった石屋根倉庫は、現在は43棟(2016年)*にまで減ってしまいましたが、現役で使われているものも数多くあります。対馬市の文化遺産としてどう未来に継承すべきか、話し合いが続けられています。

*小林秀輝(九州大学大学院芸術工学府)、藤田直子(九州大学大学院芸術工学研究院)の調査による

▲ 石屋根倉庫で刈ったイネを乾燥 倉庫が島の人々のくらしにとけこんでいることがわかる。

▲ 石屋根倉庫の内部 厳原町久根田舎で農家民宿を営む斎藤さんのお宅では、せん(だんご)【➡P.28】や穀物が保管されていた。

火事からだいじなものを守るくふうなんだ

▲ 厳原町椎根の石屋根倉庫（県指定有形文化財）湿気を防ぐために高床式で、食料や衣類、貴重品などが保管されている。家にはかぎをかけないが、倉庫には必ずかけるという。

強い季節風から倉庫を守る

対馬の南西部にある厳原町椎根の石屋根倉庫は、長崎県有形文化財に指定されています。たてられたのは1926（大正15）年で、屋根の石は同じ対馬市の島山島でとれた島山石です。1棟あたりぜんぶで200tもありますが、専門の職人ではなく町の人たちがみなで力をあわせて屋根の上に石をのせます。いまからおよそ300年前、江戸時代の中ごろからはじまったといわれています。

なぜ石が使われるのかというと、江戸時代に農民は瓦屋根の家に住むことが許されておらず、冬の強い季節風で倉庫が倒れるのを防いだため、防火対策のためなどの理由が考えられています。

▲ 石をつみかさねた屋根 島の西側は冬には漁にも出られないくらい風が強くふくので、屋根に重い石をのせた。

▲ 椎根川沿いの石屋根倉庫群 時代の移り変わりのなかで、瓦屋根を使った倉庫も増えている。

15

江戸時代の石塀を再利用する

　江戸時代、対馬藩主の城があった厳原町の中心部では、石塀でかこまれたたてものが目立ちます。住宅や店はもちろん、ホテルや教会、学習塾もあります。コンクリートでむかし風につくられた塀があるいっぽうで、江戸時代の元禄時代（1688〜1703年）から壊されずに使いつづけられているものもあります。塀の内側にある木造住宅はどんどん新しくなり、住むひとも変わりますが、塀だけは300年近くそこにあるのです。

　塀は厚さは1m、高さは3mに達するものもあります。これは朝鮮通信使【➡P.42】の行列が厳原の城下町をとおるときに、家のなかを見られないようにするためのくふうとも、火災がおこったときの防火壁として使うためともいわれています。

　塀を壊せば、その分土地を広く使うことができます。都会だったらとうのむかしに更地になっていたかもしれないと、町を案内してくれた対馬観光物産協会の西護さんは話してくれました。

▲ **厳原町の聖ヨハネ教会**　教会のある中村地区は江戸時代に武家町だったところで、石塀を生かした住宅が多く見られる。

📍 **江戸時代の石塀を再利用した家**

インタビュー

家老の屋敷の石塀を使いつづける

渡邊菓子鋪
4代目
渡邊圭二さん

対馬で代々、伝統菓子の「かす巻き」をつくっています。1899（明治32）年創業で、厳原町桟原に移転してきたのは、祖父の代のころです。

いま店を構えている場所は、平田さんという対馬藩家老の屋敷でした。この立派な石塀は修復しながらたいせつに使っています。店の裏には、厳原町の石塀に使われた石を切り出していた、石切り場もあります。石英斑岩といって、切り出したときはまっ白でとてもきれいな石です。塀がつくられた江戸時代には、塀もまっ白だったのでしょう。白塀が印象的な美しい町並みだったと想像しています。

（2023年5月取材）

▼石塀に使われた石 切り出したときは白い。

築300年の塀、かっこいい〜！

江戸時代の石塀 あるものはたいせつに使いたいと家主が話してくれた。

▲石切り場 渡邊菓子鋪のそばには、町の石塀の石を切り出した石切り場が残る。

▲石塀が印象的な町並み 家はどんなに新しくなっても石塀は壊されない。

▲**豊小学校の海の清掃活動** 対馬市内の小中学校では、漂着ごみや環境問題への学びをすすめている。

漂着ごみについて考える

　対馬市の最北部にある豊小学校は、韓国との国境にもっとも近い学校です。15人の児童のうち、14人は航空自衛隊海栗島分屯基地ではたらく隊員の子どもで、残る1人は漁業者の子どもです。児童数が減ったため、2024（令和6）年4月に、隣の学校と統合されます。

　対馬は、対馬海流が流れこむ日本海の入り口にあり、ユーラシア大陸からの季節風も影響し、外国から多くのごみが流れつきます【➡P.24】。豊小学校では、そうしたごみの清掃活動を、保護者とともに続けています。

　2022（令和4）年には、「総合的な学習の時間」でも、校区に流れつくごみに注目します。自分たちが考え、行動する「全力で未来の海を守ろう！　プロジェクト」をはじめたのです。

　まず、自分たちだけでごみ拾いです。しかし、たくさんは拾えません。そこで、市役所にごみ拾いをしてほしいと連絡。けれども、市役所がおこなうのは、集めたごみの回収だけだとわかりました。困った子どもたちは、考えたすえ、地元の漁業組合や会社に、「いっしょに海をきれいにしませんか？」とよびかけ、1年間で約4.5㎥ものごみを回収しました。海岸そうじは地域全体に広がったのです。

🔔 豊小学校の授業のようす

▶ **海岸で清掃活動中**
環境美化教育優良校
等表彰事業の第23回
（2022年12月）では
優秀校に選ばれた。

◀ **クラブ活動**
　釣りや料理な
ど、子どもたち
が自主的に話し
合って決める。

▼ **給食のジビエカレー** 対馬市では、農作物
を荒らすイノシシやシカ、海藻を食べあらす魚
などを駆除し、給食の材料に活用している。

豊小学校

▲ **乗馬体験** 対馬固有の馬で、保存活動がすす
められている対州馬とふれあう。

💬 インタビュー

海岸の清掃活動から
学んだこと

▼ 写真左から扇さん、武末さん、小川さん、中野さん。

対馬市立豊小学校6年生 **武末桜來**さん
対馬市立豊小学校5年生
扇幸来さん　**小川蒼介**さん　**中野凌輔**さん

　はじめて海そうじをしたとき、海がとてもきたないこと
におどろき、悲しかったです。自分たちが住んでいる地
域の海だから、きれいにしたいとの思いがありました。
海に流れついたごみは、韓国や中国からのものが多
かったです。そうしたゴミは、漁業のじゃまになったり、
魚がエサとまちがえて食べ、死んでしまったりすること
もあるそうです。きれいな海を守っていくためには、お
菓子の容器や空き缶などをきちんとごみ箱に捨て、ご
みにならないものを選ぶこともたいせつだと思ってい
ます。　　　　　　　　　　　　　　（2023年5月取材）

▲ **市営渡海船うみさちひこ** 陸路だと遠回りになる地域への移動において、いまでも船はたいせつな交通手段。

移動を助けるバスと船

　本土から対馬市へ行くには、飛行機か船を利用します。飛行機は、福岡空港と長崎空港から、対馬空港まで定期便が飛んでいます。島は南北に細長いため、港は北部の比田勝港と、南部の厳原港の2か所があり、フェリーや高速旅客船が、博多港とを結んでいます。比田勝港と、韓国の釜山港を結ぶ国際航路もあります。

　島内に鉄道はありません。島の人々のおもな移動手段は、自家用車かバス、タクシーです。1968（昭和43）年に対馬縦貫道路が開通すると、対馬の北のはしから南のはしまで一気に車で走れるようになりました。それでも厳原と比田勝を結ぶバスは、片道約2時間半かかり、バス停が60か所以上もあります。スクールバスには、子どもが乗っていない席があれば、だれでも乗れる「混乗バス」もあります。

　全面積の約89%を山地が占める対馬市は、トンネルが多いのも特徴です。主要道路のトンネルは、県が管理するものだけでも50か所以上です。

　浅茅湾では、市営渡海船が運航しています。終点に病院があり、車を運転しないお年寄りを助ける、たいせつな足の役割をはたしています。

▲ **路線バス** 対馬交通が運行する定期乗合バス、市営バスなどがある。

▲ **市営渡海船の待合所** 定期航路のほか、予約制の観光船としても運航。

国際航路もあるんだ！

対馬のおもな交通路

—— 飛行機
—— フェリー・高速旅客線
—— 路線バス（縦貫線のみ）
● 渡海船乗り場

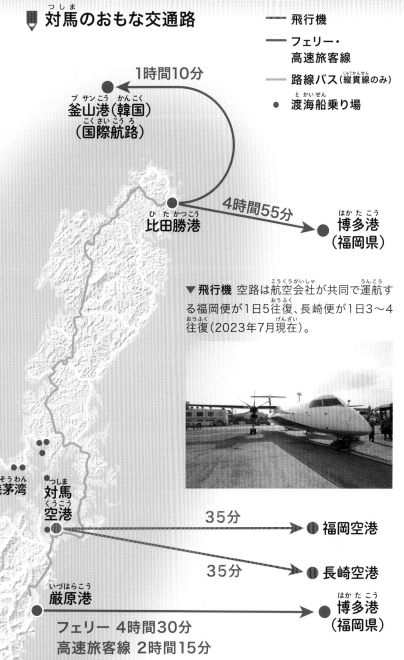

釜山港（韓国）（国際航路）　1時間10分

比田勝港　4時間55分　博多港（福岡県）

▼ **飛行機** 空路は航空会社が共同で運航する福岡便が1日5往復、長崎便が1日3〜4往復（2023年7月現在）。

浅茅湾

対馬空港　35分　● 福岡空港

35分　● 長崎空港

厳原港　● 博多港（福岡県）
フェリー　4時間30分
高速旅客線　2時間15分

◀ **トンネルが多い対馬** 山林が多いため、トンネルを整備して移動距離を短くしている。

▶ **フェリー** 壱岐島を経由し、博多港（福岡県）を結ぶ便も。

国境のくらしはどう守られている?

かっこいい仕事だね

国境警備の最前線

　東シナ海や日本海にかこまれ、韓国とは49.5kmしかはなれていない対馬市は、日本の国境警備の最前線です。この周辺では、外国漁船の違法操業や密輸密航、隣国との領土問題などがあります。また日本船や外国船の火災や衝突、沈没などがおきることもあります。

▲ 巡視艇あきぐもの内部　船長が操船・通信などを指揮する船の司令塔。対馬の海は、厳原町にある対馬海上保安部と、上対馬町にある比田勝海上保安署によって、安全が守られている。

▼ 巡視船あさじ　対馬海上保安部に所属。全長約46m、全幅約7.5m。15名が乗船できる。

▲ **海上保安庁の仕事** ①海難事故の救助。2020年に対馬市の北のはしにある三ツ島近くでパナマ船籍の貨物船が座礁。外国籍乗組員14人全員を無事救助。②大きな漂流物の回収。安全な運航のさまたげになるため回収する。③障害物回収時に海洋生物を救助。巡視艇が漂流している漁網を発見。2匹のウミガメがからまっていたため、網からはずした。

24時間体制でパトロール

さまざまな海上の問題に、つねに目を光らせているのが、「海の警察」とよばれる海上保安庁です。対馬市では、対馬海上保安部が、不審船、テロ、密漁などの海の犯罪をとりしまっています。

海の事故がおきたときは、警察、消防など各機関と力を合わせ、救助活動をおこないます。地震や津波、台風などの自然災害にみまわれたときは、行方不明者を探したり、食料や水を運んだりします。

海上保安庁は、船の運航をさまたげる障害物の回収や、海洋汚染の調査など、海の環境を守るとりくみもおこなっています。海の情報を集め、船の安全な航行に必要な海図をつくるのも、たいせつな仕事です。

インタビュー

灯台も守っているよ

対馬海上保安部
管理課 **工藤洋一**さん（右）
渉外係 **河﨑輝希**さん（左）

海上保安庁は、全国を11の管区にわけて、海の安全を守る業務を行なっています。対馬海上保安部は、福岡県北九州市門司区に本部がある第7管区に所属。比田勝海上保安署と協力し、海の上からだけでなく、陸や空からもパトロールをしています。対馬市には、50基の灯台をはじめ、全部で62基の航路標識があります。これを守るのも、わたしたちの仕事です。

灯台は、ふだんだれもいないので、なかに入るとハチが巣をつくっていたり、大きなアオダイショウがいたりして、びっくりすることがあります。

海上保安官の人数は限られているため、協力会社や地域の人にも助けてもらいながら、灯台を管理しています。

（2023年5月取材）

海岸は
ごみでいっぱい？

▲ 海岸を覆いつくす漂着ごみ　目の前にはきれいな海が広がっているのに、道路をくだって入りくんだ海岸におりると、大量のごみがうちあげられている。

対馬市がかかえる環境問題

　対馬市では、海岸に流れつく漂着ごみが問題になっています。

　漂着ごみの多くは、海に捨てられたごみではなく、じつは町や山に捨てられたごみが多いのです。道路に捨てたペットボトルや空き缶が、風に飛ばされて川や水路に落ち、水を伝って海へ流れでるのです。

　対馬市の漂着ごみは、島内から出たものもありますが、黄海と東シナ海に接する中国や韓国、もっと遠くの台湾や東南アジアから流れつくごみもあります。

　対馬海流は、韓国や中国、台湾の沿岸の海流とまじわってから対馬海流をとおります。そのため海流に乗ってくる外国のごみが集まりやすく、北西からふく季節風や、リアス海岸という地形の条件も重なるので、対馬には漂着ごみが多いと考えられています。

　対馬に流れつくごみの量は、1年間で3〜4万㎥にものぼります。けれども、対馬市で回収できているごみの量は、その4分の1以下にすぎません。

　対馬市で回収できなかったごみは、再び潮の流れに乗り、日本海や世界の海へ流れていきます。漂着ごみは、みんなでとりくむ問題なのです。

どんなごみがどれくらい流れつくのか

南北に細長い対馬は、日本海に流れこむ漂着ごみの防波堤ともいわれる。ごみの処分にはたいへんな手間がかかり、その費用は年間3億円近くにものぼっている。

対馬の6か所の海岸における漂着ごみ年間回収量（2020年度〜2022年度）

	2020年度	2021年度	2022年度
ペットボトル	6590L	5850L	2万3345L
	162kg	177kg	735kg
漁業用ブイ	6569L	4514L	9385L
	457kg	260kg	506kg
漁網ロープ類	1万4231L	7782L	1万1603L
	1496kg	724kg	2717kg
プラスチック類	1万5333L	1万3986L	2万4953L
	992kg	692kg	2075kg
発泡スチロール類	1万8480L	1万2500L	2万5531L
	297kg	216kg	1068kg
加工木、パレット類（人工系）	2万1761L	1万3530L	2万40L
	2970kg	1895kg	2908kg
流木、灌木（自然系）	5万1535L	2万7940L	7万3125L
	5671kg	2812kg	9889kg
その他	976L	1191L	1790L
	329kg	137kg	300kg
合計	13万5475L	8万7293L	18万9772L
	1万2374kg	6913kg	2万198kg

◎市内6か所のモニタリング調査分の体積と重量

▲ 回収ごみ 対馬クリーンセンター中部中継所で処理の順番を待つごみの山。運送費用の負担も大きい。

▼ 岩に入りこんだごみ 歩いて行けない場所も多く、すべて回収するのはむずかしい。

▼ 漂着した大型のごみ 軽くても解体しないと運べないほど大きなものがあったり、小さくても人力では運べないほど重いものがあったりする。

25

どうやってリサイクルするの？

　対馬市で回収された漂着ごみのうち、海洋プラスチックの一部は、リサイクルにまわされます。分別して回収されたごみは、対馬クリーンセンター中部中継所で、もう一度、こまかく分別されます。

　硬質プラスチックは、色や素材の種類ごとに分別したものを、洗浄し、機械でこまかくくだいて1cm角ほどの大きさのペレットにします。このペレットを企業が買いとり、買いものかごなどの商品につくりかえます。

　発泡スチロールは、不純物やよごれた部分があると、そのままではリサイクルできないため、ひとつずつていねいに除去してから新たな商品につくりかえます。

　このように、海洋プラスチックごみのリサイクルは注目度が高く、多くの企業が製品化にむけた努力を重ねています。

▲ 対馬市役所環境政策課の福島利弥さん「漂着した大きなごみを人の力で運ぶのは重労働。ときには船を出したり、重機を使ったりすることもあります」と話す。

海洋プラスチックごみが製品になるまで

粉砕、洗浄、選別

発泡スチロールのよごれや不純物はひとつずつ手作業でとりのぞいてから機械へ投入。

ペレット化

加工しやすい粒状のペレットにする。これらが原料となり、新しい製品に生まれかわる。

製品化

コンビニエンスストアで使われている買いものかご、コンテナなどがつくられている。

━コラム━

木質バイオマスのエネルギー利用

▲ **対馬の森林のようす** 手前に見えるのは切りだした木材を運ぶための道。

▲ **木質チップ** 木質バイオマスボイラーの燃料になる。

▲ **木質バイオマスの貯蔵タンク** 湯多里ランドつしまに設置されている。

　石油などの化石資源を燃焼させることで空気中の二酸化炭素が増え、地球温暖化を加速させてしまうことが世界中で深刻な問題となっています。そうしたなか、再生可能な自然物を使ってエネルギーをつくりだすバイオマスエネルギー（生物エネルギー）が注目されています。

　島の89％が山林におおわれている対馬では、第1次産業のなかでは、水産業の次に林業がさかんです。そのため、製材するときに出る端材（材料として利用されない部分）を細かく切った木質チップを使った木質バイオマスのとりくみがはじまっています。

　林業は育てた木を切り、それを製材して売ることで成り立っています。山から切りだされた丸太は、製材所に運ばれます。製材のときに出る端材はチッパーとよばれる機械で細かく切られ、木質チップになります。対馬市ではこれを市内の温泉施設などに送り、木質バイオマスボイラーという機械で燃やして温水をつくります。

　燃やすことで二酸化炭素は出してしまいますが、石油などの化石燃料とはちがい、地球上の資源をとりつくしてしまうことにはなりません。木を切りだしても植林をして森林が再生すれば、森が二酸化炭素を吸収してくれます。木質バイオマスが環境にやさしいエネルギーとして注目されている理由です。

対馬にむかしから伝わる料理とは?

長〜く保存できるよ

◀ **サツマイモを収穫する農家** サツマイモは手間をかけずともよく育ち、農家の助けになるところから孝行イモの名がついたと伝わる。江戸時代中期に原田三郎右衛門が栽培に成功し、全島に広まった。

島の人々を救った食べもの

　対馬は、水田に適した平地がほとんどなく、なんども飢饉にみまわれました。それを救ったのは、島の人々が孝行イモと呼ぶサツマイモです。江戸時代の1715（正徳5）年、薩摩藩（おもに現在の鹿児島県）から持ちこまれたサツマイモ【➡7巻】は、対馬のやせた土地でもよく育ち、たいせつな食料となりました。そのサツマイモを長く保存する方法として生みだされたのがせんです。

　せんは、サツマイモのでんぷんを複雑な工程で発酵【➡3巻】させ、だんご状に丸めたあと、からからに乾燥させて保存したものです。千の手間がかかるから、せんとの名前がついたという説もあるほどです。食べるときはこれを水でもどし、さまざまな料理をつくります。

▼ **せん（だんご）** 寒さがきびしくなる11月ごろからつくりはじめ、全工程が終わるのは翌年の1月〜3月ごろ。

28

「せん」のつくりかた

▲**イモを洗う** 収穫したサツマイモは、泥を落とし、水で洗う。

▲**イモをくだく** からうす（穀物をくだく農具）などで小さくくだく。

▲**アクを抜いて発酵** イモを水にさらしてアクを抜き、発酵させる。

▲**乾燥させ、また水にまぜる** 大きくまとめて乾燥させ、水にまぜて、ざるでこす。

▲**沈んだでんぷんをとる** 沈殿させておいたでんぷんを布にとり、水気をきる。

▲**だんご状にして乾燥** 小さなだんご状にまるめて乾燥させる。

せんでつくる郷土料理「ろくべえ」

▲**せんをもどしてこねる** せんをこまかくくだき、湯をかけてこねる。

▲**せんを麺状にする** 目のあらいおろし金で押しだす。

▲**熱湯でゆでる** 3分ほどゆでたら冷水にとり、水気をきる。

できあがり！

▼**ろくべえ** 麺はぷりっとした食感。魚介か地鶏のだし汁をかける。

その他の料理

▼**からすき焼き** せんのクレープのようなもの。むかしは使わなくなった農具「からすき」で焼いたため、この名がついた。

▲**せんちまき** せんの粉をねった皮にあんを入れ、ちまきの葉でつつんだもの。むかしは祝いごとで食べられた。

29

④対馬市の産業

農地に適した土地が少なく、リアス海岸が長くのびる対馬。山や畑、海の仕事をくみあわせる家が多く、さまざまな特産品がはぐくまれています。

対馬の環境をいかした農業とは？

島だからこそ残った品種

対馬の耕作面積は788haで、島の総面積のわずか1.1%です（2023年5月19日）[1]。1980年代くらいまでは、木庭作という焼畑農法により、麦、ソバ、アワなどがさかんにつくられていました。

ソバは中国南部からヒマラヤが原産といわれています。日本には、縄文時代に伝わったとされていますが、対馬には日本のなかでもいち早く伝来したとみられています。

対馬のソバは、香りや風味がほかの品種より強い特徴があります。その反面、粒が小さく、収穫量は、改良されたソバの半分ほどしかありません。しかし、離島という環境のなかで、ほかの品種とまじわらず、在来種として長く受けつがれてきたことが評価され、地理的表示（GI）保護制度[2]に長崎県ではじめて登録されました。

*1「第69次 九州農林水産統計年報（令和3年〜4年）」（令和5年5月19日公表）による。
*2地域ならではの特性をもつ産品を国が証明し、保護する制度。

▲ ソバの花 対馬では、8月中旬ぐらいに種をまき、発芽から30〜35日ぐらいで真っ白な花を咲かせる。

◀ ソバの実
原種に近い対馬のそばは、とても貴重。小粒で収穫量は少ないが、香りと風味は強い。

◀ 対馬のソバ
つなぎを使わず、そば粉のみでそばを打つのが特徴。

蜂洞 対馬の養蜂に用いられる巣箱。

高い値段がつく時期に出荷

　対馬に生息するミツバチは、日本の在来種であるニホンミツバチです。丸太をくり抜き、ふたをした蜂洞という巣箱をあちこちにしかけ、江戸時代からハチミツをとってきました。

　また、対馬は、良質なシイタケの産地としても知られています。森林が多い対馬には、シイタケの発生に適した原木が豊富です。大陸から飛んできた胞子が、たおれた木に付着したことで栽培がはじまったと考えられています。

　対馬市で農業をする人は減りつづけています。しかし、長崎市より気温が低く、農産物の収穫期がずれることをいかし、高い値段がつく時期に出荷できるアスパラガスやミニトマトの栽培面積は、わずかながら増えています。

▲ ニホンミツバチ 蜂洞にうまく入るかどうかはハチまかせ。

▲ 原木シイタケ 対馬の乾シイタケは、長崎県の生産量の99%を占める。

31

「あか牛」ってどんな牛?

▲ **あか牛を育てている牧場** 繁殖農家*1の居村憲昭さんの牧場。対馬市では山あいのせまい土地をいかして牧場がつくられている。

長崎県内唯一の生産地

　牛は、乳用牛と肉用牛があり、さらに肉用牛は、黒牛(黒毛和種)と、あか牛(褐毛和種*2)にわけられます。対馬市の牛といえば、「あか牛」です。あか牛はおとなしい性質であつかいやすいため、すきを引かせて畑をたがやしたり、牛ふんでたい肥をつくったりするために、かつて日本各地で飼われていました。

　あか牛の原種は、ユーラシア大陸から伝来した朝鮮牛といわれています。対馬市におけるあか牛のくわしい歴史はわかっていませんが、かなり古くから飼われていたようです。

　対馬市は、長崎県内唯一のあか牛の生産地です。牛の飼育頭数は、463頭(2023年7月15日現在*3)で、そのうちの243頭があか牛です。現在、対馬市で飼育されているあか牛は熊本県から来たもので、食用に改良されています。

＊1 子牛の繁殖を中心におこなう農家のこと。牛が1年に1頭の子牛を生めるよう人工授精をおこない、8〜10か月くらいまでそだてたあと、市場のせりにかけ、肥育農家に売りわたす。
＊2 褐毛和種の対馬でのよび名。
＊3「対馬振興局　対馬農業の概要」による。

◀ **あか牛のえさ** 稲ワラや牧草などをたくさん食べて元気に育つ。

繁殖農家
居村憲昭さんの1日

5：00	起床
5：30	えさやり
7：00	牛舎のそうじ
8：00	朝食
9：00	畑仕事 エサになる草を育てる
12：00	昼食
13：00	えさづくりや牛の手入れ
16：00	えさやり
18：00	帰宅

▶ えさやり
1日2回、朝と夕方にえさをやる。名前をよぶと、あか牛が近づいてくる。

◀ 牛の手入れ ブラッシングをすると牛の血液循環がよくなり、ほこりもとれる。牛も気持ちよさそう。

▶ 牧草づくり 春と夏に刈りとる2種類の牧草を育てている。秋は近くの農家に稲ワラをもらい、飼料米も刈らせてもらってえさをつくる。

インタビュー

島のくらしは支え合いと助け合い

繁殖農家
居村憲昭 さん

56歳のときに、あか牛の繁殖農家になろうと決めて、県庁を退職。1年間、先輩農家のもとで仕事をおぼえました。最初は、たった2頭の牛からのスタートでしたが、5年目のいまは、親牛が12頭、子牛が9頭います。

牛にあたえるえさは、自分でも畑でつくっています。これを刈りとって乾燥させ、細かく切る作業はたいへんで、出産のときは、牛舎にとまりこみになります。でも、子牛が生まれ、すくすくと元気に育ってくれると、そんな苦労もふき飛びます。牛たちがストレスを感じないよう、牛舎をいつもきれいにして、ここにいるあいだは、牛たちに幸せでいてほしいと願っています。

島のくらしは、支え合いと、助け合いです。生きもの相手の仕事に休みはありませんが、山と海、そして、牛たちとたのもしい仲間にかこまれ、とても豊かです。

（2023年5月取材）

牛が食肉になるまで

繁殖農家	▶	肥育農家※1	▶	と畜場	▶	精肉店	▶	消費者
子牛を産ませて育てる。		子牛をせりで買い大きく育てる。		牛をと畜解体して枝肉※2にする。		枝肉をせりで買い精肉にして販売する。		（わたしたち）

※1 牛を大きく育てる農家のこと。年齢や季節により、えさの種類を変えながら、およそ30か月まで育てたあと、出荷する。
※2 枝肉は皮や骨、内臓をとりのぞいた状態のこと。

対馬市がほこる水産業とは？

海流にのって魚が集まる

　水産業は、対馬市でもっとも重要な産業です。周辺の海は、対馬海流と大陸沿岸水*がまじりあうため、たくさんの魚があつまる好漁場になっています。島の中央部には、リアス海岸の浅茅湾があり、魚や貝を育てる海面養殖業もさかんです。

　対馬の海岸線は島全体で915kmにもなり、網やしかけをくふうして、さまざまな漁がおこなわれています。なかには、水揚げ量が全国で1位をほこる魚もあります。

　しかし、近年は、漁師の高齢化がすすみ、燃料費も高くなったことから、漁業者がしだいに減っています。国境に接するため、外国船の違法操業や、外国人釣り客のマナーの悪さなども問題になっています。

*大陸の沿岸近くの水のこと。川の水などがまじって魚のえさになるプランクトンが多い

▼ **イカ釣り漁**　年々イカは減ってきているが、いまでも対馬市の漁獲量のもっとも多くを占める。

2018年対馬市の魚種別漁獲量と割合

◎農林水産省「海面漁業生産統計調査」（2020年3月19日公表）から作成。

737t（6.2%）

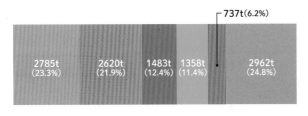

| 2785t (23.3%) | 2620t (21.9%) | 1483t (12.4%) | 1358t (11.4%) | | 2962t (24.8%) |

■ イカ類　■ ブリ類　■ サバ類　■ アジ類　■ 貝類　■ その他の魚類

2018年対馬市の漁獲量と全国順位

スルメイカ・アカイカ以外のイカ類	2046t	2位
サザエ	695t	1位
アナゴ類	403t	1位
アマダイ類	117t	2位

◎農林水産省「海面漁業生産統計調査」（2020年5年3月19日公表）から作成。

対馬市でおこなわれているおもな漁法

イカ釣り
光に集まるイカの性質を利用し、あかりでイカをさそい巻きあげ機などで釣る。

一本釣り
釣り竿などを使って一匹ずつ釣る漁法。

定置網漁
魚のとおり道に網を固定し、回遊する魚を捕獲する。いろいろな種類の魚がとれる。

はえ縄漁
縄にたくさんの針をつけて捕獲する漁法。

ひき縄漁
釣り針のついた釣り糸を漁船でひきまわすことで魚を釣る漁法。

アナゴかご漁
細長いかごにえさを入れ、縄に結びつけて海底に沈め、アナゴが入るのを待つ。

▲ **浅茅湾の真珠養殖** 真珠養殖は、真珠をつくるためにアコヤガイを育てるという、養殖業のなかでも特殊な仕事。

歴史ある真珠養殖

リアス海岸の湾は、波がおだやかで、養殖に適しています。浅茅湾では、1921（大正10）年に真珠の養殖がはじまりました。1958（昭和33）年には、真珠の養殖会社が104社に増え、対馬市の真珠の質の高さは全国に知れわたりました。1962（昭和37）年には、ブリの養殖もはじまり、現在はマグロの養殖業も営まれています。

▲ **成長したアコヤガイ** 人工ふ化したアコヤガイの稚貝は、1年たつと3〜5cmの大きさになる。

▲ **核入れ作業** 母貝に核（別の貝の貝殻を削ってつくられたもの）を入れる作業のあと、ふたたび海にしずめると、核を包みこむように真珠層がつくられる。

▲ **真珠の加工品** 対馬の真珠養殖は最長で18〜20か月ものあいだ育てられることで美しく照りのある真珠になる。

気軽に行けるビーチリゾート

韓国の釜山から対馬まで、高速旅客船でおよそ1時間10分【➡P.21】です。韓国の人々にとって、対馬市は気軽に訪れることができる外国です。対馬のビーチで遊んだり、日本食を食べにきたりする韓国からの旅行者は、釜山港と比田勝港を結ぶ定期便が就航した2001（平成13）年ごろから増えはじめました。

2018（平成30）年には、対馬市の人口の10倍以上にあたる40万人を突破しますが、日本政府と韓国政府の関係が悪くなると一気に減少。さらに新型コロナウイルス感染症の拡大で旅行者はゼロとなり、対馬市の観光産業は大きな打撃をうけました。

そこで、対馬市は観光のありかたについて、見直しをすすめました。対馬固有の歴史や自然、食にかんする情報を掘りさげ、ここでしか体験できない魅力を発信。韓国だけでなく、ほかの国や、日本国内からもひろく旅行客をよびこもうとしています。

📊 韓国からの旅行者数の推移 ◎対馬市の韓国人入国年計集計（年別計）から作成。

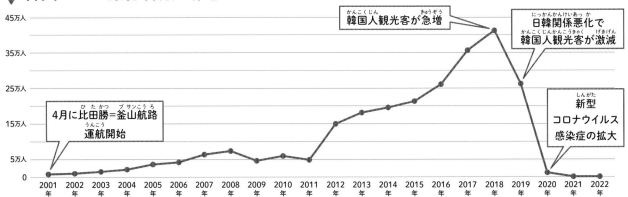

- 韓国人観光客が急増
- 日韓関係悪化で韓国人観光客が激減
- 4月に比田勝＝釜山航路運航開始
- 新型コロナウイルス感染症の拡大

（縦軸：45万人／35万人／25万人／15万人／5万人／0）
（横軸：2001年 2002年 2003年 2004年 2005年 2006年 2007年 2008年 2009年 2010年 2011年 2012年 2013年 2014年 2015年 2016年 2017年 2018年 2019年 2020年 2021年 2022年）

三宇田浜 対馬市では珍しい天然の砂浜が広がる海水浴場。「日本の渚百選」に選定。

すごい行列見てみたい！

▲ 厳原港まつり 毎年8月第1土曜・日曜に開催。朝鮮通信使の復元船からの入港や観光客の乗船体験、行列を再現したパレードなどがおこなわれる。

◀ 日本観光物産館 島内には韓国人観光客むけのみやげもの店や、免税品店が点在している。

インタビュー

観光でおたがいの理解を深めよう

対馬観光物産協会
事務局長
西 護 さん

自給自足がむずかしい対馬にとって、外国との交易は、むかしから重要でした。対馬藩で働いた雨森芳洲は、『交隣堤醒』という本のなかで、「たがいに欺かず、争わず、真実をもってまじわることがたいせつ」と、外交の道を説いています。

国境に近い島の観光は、外交や災害、病気、家畜の口蹄疫といった衛生問題でも影響をうけます。北朝鮮や韓国で何かおこれば、対馬を訪れる観光客はきっといなくなるでしょう。

観光は平和産業といわれます。安心して旅行をするには、国内や訪問先が平和でなければなりません。日本と韓国は、国の関係悪化と新型コロナウイルスの流行で、4年以上行き来が減りました。人と人とが交流をすることは、国と国との理解を深めることにつながります。観光は、その入り口になると考えています。

（2023年5月取材）

⑤対馬の歴史

国境の島、対馬は外国との交流をおこなうことで、歴史をつみかさねてきました。
その交流はいつからはじまり、どのように続いていったのでしょうか。

いつから朝鮮半島と交流があった?

7000年前からはじまった

　現在、対馬で見つかっているいちばん古い遺跡は、島の北側にある上県町の越高遺跡です。いまから約7000年前、紀元前5000年ころの縄文時代のものといいます。越高遺跡からは、朝鮮半島で使われていたものと同じ形の土器が発掘され、朝鮮半島と同じつくりかたの炉の跡が出ています。また、九州産の黒曜石が朝鮮半島でも見つかっており、このころから朝鮮半島と九州、対馬のあいだで人やものの移動があったことがわかっています。

　対馬の名前がはじめて書物に登場するのは、200年代の終わりごろにまとめられた古代中国の歴史書『三国志』のなかにある通称「魏志倭人伝」です。そこには、弥生時代の終わりごろの対馬のようすについて「断崖絶壁が多く、山が深く、道はけもの道のように細い。水田

が少なく、海産物を食べており、朝鮮半島と日本本土を行き来して交易をおこなっている」と書かれています。

対馬の遺跡地図

対馬では、全島各地で古代の遺跡が発見されている。

志多留貝塚
越高遺跡
夫婦石遺跡
西加藤遺跡
ヌカシ遺跡
浅茅湾
金田城
佐賀貝塚
住吉平貝塚
西の漕手（古代港跡）
かがり松鼻遺跡

◀把頭飾（上）、銅剣（中）、ガラス玉（下）弥生時代の「かがり松鼻遺跡」から出土した。

▶越高遺跡から出土した土器　朝鮮半島の人たちが対馬に渡ってきて、対馬でつくったと考えられている。

国防の最前線になった対馬

日本で、天皇を中心に政治をおこなうようになった600年代のなかばごろ、朝鮮半島には3つの国がありました。そのなかの百済という国と日本は、親しく交流をしていました。

その百済が、同じ朝鮮半島の新羅と唐の連合軍に滅ぼされると、百済を復活させるために日本は多くの軍隊を送

▼**金田城** 飛鳥時代の667（天智天皇6）年に百済の将軍の協力でつくられた城。現在はその跡が残っている。

📖 古代 対馬のおもなできごと

608年	日本の遣隋使、隋からの使者・隋使一行が対馬をとおる。
630年	第1回、遣唐使派遣。第6回の669（天智天皇8）年ごろまで壱岐、対馬を経由するコースを利用。
663年	白村江の戦いおこる。
664年	対馬、壱岐などに防人を置く。
667年	金田城を築く。
674年	対馬の銀を朝廷にさしあげる。日本初の銀の産出。
701年	対馬で産出したとされる金を朝廷に献上。日本で最初の金の産出を祝って「大宝」の年号をたてる。

ります。663年の白村江の戦いで日本が大敗すると、今度は新羅と唐の連合軍が日本に攻めてくるかもしれないと考え、天皇は日本各地から防人とよんだ兵を集め、対馬や壱岐を守らせ、九州には太宰府を設置し兵士たちに守らせました。さらに対馬には、百済から逃げてきた人たちの協力で、日本を守るための金田城という城がつくられました。

✏️ コラム

すすんだ文化や制度を持ち帰った遣隋使と遣唐使

古代の日本は、大陸のすすんだ文化や政治制度を学ぶために、中国に使節を送っていました。使節には、使者のほかに留学生や僧侶がいました。600年からはじまった遣隋使は、4回すべて対馬をとおって中国に入ったと考えられています。その後、隋が唐に変わっても遣唐使を送ります。669年ころまで、対馬を通って中国へ渡っています。また、新羅とも国交がとだえることはありませんでした。

▼**西の漕手** 遣隋使・遣唐使は、小さな丘の小船越を越え、浅茅湾の「西の漕手」に用意されていた船に乗りかえ、朝鮮半島へむかったと考えられている。

国防の最前線になった鎌倉時代

▲ **小茂田浜神社大祭** 武士の子孫たちが鎧を着て小茂田浜に集まり、元寇で全滅した宗資国と家臣団の魂を鎮める祭り。

鎌倉時代の最大の事件

　もともと対馬の役人職は、阿比留氏がひとり占めをしていました。しかし、平安時代末期に惟宗氏が登場し、鎌倉時代になると、惟宗氏と阿比留氏の勢力が逆転します。惟宗氏は、宗と名を変え、江戸時代の終わりまでの600年もの間、対馬島主、対馬藩主として治めていきます。ただ、宗氏が島主になっても阿比留氏は、宗氏のもとで役人として働いていました。いまでも、対馬でもっとも多い姓は阿比留です。

　鎌倉時代の中期に、アジアからヨーロッパの一部までを支配していた元（モンゴル帝国）が、日本の侵略を計画します。1274（文永11）年、元と朝鮮半島の高麗との連合軍3万3000人が日本に攻めこみます。侵略には成功しませんでしたが、連合軍のうち1000人が対馬をおそい、わずか80騎あまりの宗氏の軍勢は、島主の宗資国（助国）をふくめ全滅しました。

　1281（弘安4）年に、元は再び日本に攻めてきますが、予測していた日本は福岡県福岡市の博多周辺の海岸に防塁を築いて迎えうちます。元軍は、九州をおそった台風によって多くの船が兵とともに沈没し、攻撃をあきらめて帰国します。このときも対馬を兵がおそいましたが、敵の将軍を戦死させるなど、激しく戦っています。

　この戦いの後、日本人が中心の海賊で、16世紀には中国人が中心となる海賊の「倭寇」が中国や朝鮮半島をおそいます。

豊臣秀吉の朝鮮出兵

　安土桃山時代になり、豊臣秀吉が日本を統一すると、秀吉は明（現在の中国）の征服を目指して朝鮮に出兵します。日朝貿易で朝鮮国と友好的な関係にあった宗氏にとっては、この秀吉の朝鮮出兵によって、朝鮮との関係が大きく崩れてしまうことになります。

　当時の対馬島主である宗義智は、秀吉から朝鮮への案内役を命じられます。戦争を避けたかった義智は、義父で秀吉の家臣でもあった小西行長とともに、争いを避けようとしていたといわれています。しかし、その願いは実ることなく秀吉が病死するまで、日本軍の戦いは6年間続きました。

▼ **清水山城から厳原のながめ** 清水山城は、豊臣秀吉が朝鮮出兵の際につくらせた。このときも対馬は中継地として重視された。

中世 対馬のおもなできごと

1274年 （文永11年）	元と高麗の軍が対馬を攻撃（文永の役）。
1281年 （弘安4年）	元軍、再び日本を攻める（弘安の役）。
1350年 （正平5年）	このころ、倭寇が高麗の各地をおそう。
1419年 （応永26年）	李氏朝鮮国の大軍が、倭寇をうつために対馬の浅茅湾に来襲（応永の外寇）。
1428年 （正長元年）	室町時代初の朝鮮からの使者（通信使）が来日。
1510年 （永正7年）	朝鮮に住んでいる日本人が反乱をおこし、国交が断絶。
1512年 （永正9年）	朝鮮とのあいだに条約を締結して国交を回復。

小茂田浜神社

清水山城

▶ **青磁獅子形硯滴** 1200年代に朝鮮半島でつくられたといわれる硯に水をさすための道具。日本には越高の海岸で発見されたものだけがある。

41

朝鮮との交流が復活した江戸時代

▲ **朝鮮国信使絵巻(下巻)** 江戸時代の朝鮮通信使の様子を伝える絵巻。

交流復活の功労者、宗氏

　徳川家康が江戸幕府を開くと、宗義智は対馬藩の藩主となります。秀吉の朝鮮出兵で苦労をした義智ですが、今度は朝鮮国との国交回復を望む将軍・家康から、その交渉役を命じられました。義智はただちに交渉を開始しましたが、朝鮮国はこれに応じることなく難航しました。しかし、義智は何度も使者を送って粘り強く交渉し、朝鮮出兵の戦後処理に奔走しました。いっぽう、朝鮮国は朝鮮半島北側で勢力を強めていた女真族(満州族)への防備のため、南側の日本との融和をはかる必要がありました。その結果、1607(慶長12)年に江戸時代最初の通信使が来日し両国の国交が回復しました。そして、1609(慶長14)年には、対馬と朝鮮国のあいだで己酉約条が成立して、日朝貿易が正式に再開しました。そこで対馬では、外国の正式な使節を迎えるために、城下をそれにふさわしい町に整えます。

　朝鮮通信使は江戸時代に12回日本に来ていますが、毎回「使行録」という報告書を書き残しています。「使行録」では毎回のように、対馬の城下町の美しさを「まるで絵のようだ」とほめています。また、通信使が滞在した館を「華やかで美しい」と、これもほめちぎっています。対馬では通信使一行を、島をあげてもてなしました。

　江戸時代、対馬藩は朝鮮御用役として朝鮮との貿易を独占していました。おもに中国産の白糸や絹織物、朝鮮人参などを輸入し、銀を輸出して巨大な利益を得ていました。元禄(1688～1704年)のころには最盛期を迎えましたが、幕府による銀輸出抑制策により、しだいに規模が小さくなっていきます。

朝鮮通信使のルート

朝鮮通信使はまず対馬に渡り、対馬からは海路で大坂へ。その後、淀川舟運と陸路で江戸をめざした。

近世 対馬のおもなできごと

1592年 （文禄元年）	豊臣秀吉の命令で、宗義智が朝鮮に兵を出す。
1597年 （慶長2年）	豊臣秀吉、再び朝鮮へ兵を出す。
1606年 （慶長11年）	朝鮮出兵で途絶えていた国交回復のため、宗氏が国書を偽造して朝鮮に送る。
1607年 （慶長12年）	江戸時代の朝鮮通信使がはじめて来日。
1635年 （寛永12年）	宗氏の家臣、柳川調興が宗氏の国書改ざんを幕府へ訴えるが、将軍家光の裁きにより宗氏はおとがめなし、調興は流罪となる。
1689年 （元禄2年）	雨森芳洲、対馬藩に仕官。その後、朝鮮外交で活躍。
1813年 （文化10年）	伊能忠敬が日本地図作成のため来島。測量する。
1861年 （文久元年）	ロシアの軍艦ポサドニック号が浅茅湾に入港。殺傷事件をおこしたのち去る。

▲ 厳原町にある万松院 1620（元和元）年に2代藩主・宗義成が父である宗義智の冥福を祈ってたてた寺。それ以降、宗氏の菩提寺となった。対馬市厳原町にある。

▶ 三具足 三具足とは、燭台、香炉、花瓶の3点がセットになったもので、仏教の儀式で使われる。朝鮮国王から贈られたもので、対馬の宗家の菩提寺、万松院に伝わっている。

コラム

にせものを上手に使った外交

　朝鮮との貿易は対馬の経済を支えるものとして、島主の宗氏には重要なことでした。そのため、中世からあらゆることをおこなって貿易を続けてきました。たとえば、日本の有力者をかたった使者を送るなどして、貿易を有利にすすめたのです。また、朝鮮との関係を修復するために国と国がかわす文書である国書や文書に押す印の偽造までおこなっています。

　徳川将軍・家光の時代に、宗氏の家老が国書の偽造を幕府に訴えましたが、幕府は朝鮮との関係を重視して、宗氏の罪はみとめながらも責任は問わず、訴えた家老や外交をおこなった僧を処分しました。

▼「為政以徳」印 朝鮮国王の印を対馬藩が偽造したもの。朝鮮の国書を改ざんするときに使った。

要塞になった明治時代

▲ 万関橋 浅茅湾と三浦湾のあいだにつくられた運河、万関瀬戸に架かる橋。この橋は1996（平成8）年に架けかえられた3代目。

戦争が続く国境の島

　江戸時代が終わり明治になると、列強国に引けをとらないために日本は急速に近代化を押しすすめました。近代化の波は、当然、対馬にも押しよせ、おもに軍事面での近代化がすすめられます。要塞の整備がすすめられ、対馬の各地に砲台が築かれます。江戸時代末期に、ロシア船が対馬の港を占領しようとするなど、諸外国の船が日本近海に出没して国境が意識されるようになったからでした。

　明治政府は、清（中国）、ロシアと対立するようになり、やがて清国とのあいだで日清戦争がおき、日本はこれに勝利します。対馬では、さらに砲台の建設がおこなわれ、運河の万関瀬戸を切りひらいて、東西の海をつなげます。ロシアとの戦争にそなえて、日本艦隊の拠点にするためでした。そして1904（明治37）年、ロシアとのあいだで日露戦争がはじまります。日露戦争では、対馬沖で日本の連合艦隊とロシアのバルチック艦隊との決戦（日本海海戦）がおこなわれます。決戦は日本の一方的な勝利で終わります。ロシア艦隊の被害はとても大きく、対馬にも敗れたロシア兵や遺体が流れついています。傷ついたロシア兵は、島民の手厚い看護をうけ、健康をとりもどし、やがて帰国しました。

▶ 日本海海戦記念碑
碑の前に集まったのは、碑をたてるのにかかわった対馬の人々。

◎『目で見る対馬の100年』（永留久恵監修・郷土出版社、2002）より転載。

要塞化がすすんだ対馬

　大正時代になると、ようやく軍事面以外での近代化が対馬におとずれます。しかし、それもつかのまでした。昭和になると、ふたたび要塞化がすすみます。対馬は大陸と日本をつなぐ海上輸送ルートのとちゅうにあるため、軍事面でもあらためて重要であることが確認されたからです。

　浅茅湾周辺だけにあった砲台が、昭和には、北から南まで大小の砲台がつくられ、対馬全体がひとつの要塞になったようでした。1945（昭和20）年に日本が太平洋戦争に敗北するまで、対馬の要塞化はつづきました。

3つの戦争のときの砲台

- 日清戦争
- 日露戦争
- 太平洋戦争
  のときの砲台

豊砲台

万関瀬戸

姫神山砲台

死角なしの配置だったんだ

近現代 対馬のおもなできごと

1868年 （明治元年）	明治維新により近代化がはじまる。
1871年 （明治4年）	廃藩置県により、対馬は厳原県となる。 9月には伊万里県に合併。
1872年 （明治5年）	伊万里県は佐賀県になり、対馬は長崎県に編入される。
1900年 （明治33年）	旧日本海軍が万関瀬戸を開削。その上に万関橋をかける。
1904年 （明治37年）	日露戦争はじまる。
1905年 （明治38年）	対馬沖で日本海海戦がおきる。
1941〜45年 （昭和16〜20年）	太平洋戦争。
1966年 （昭和41年）	対馬と壱岐が国定公園に指定される。
2004年 （平成16年）	対馬の6町が合併、対馬市となる。

▲ 姫神山砲台跡　日露戦争直前の1901（明治34）年11月に完成した。当時の対馬要塞でも最大級だった。

▲ 豊砲台跡　1934（昭和9）年の完成当時は、世界最大といわれた大砲。実戦に使われることがないまま終戦を迎えた。いまは大砲をおいていた砲台のなかを見学できる。

調べてみよう・訪ねてみよう

対馬に行ったらぜひ、訪ねてみよう。対馬や国境のことがいろいろわかるよ！

対馬博物館

古代から現代まで、対馬の歴史が学べる博物館。歴史だけでなく、独特な生態系をもつ対馬の自然を楽しめる展示もある。

対馬朝鮮通信使歴史館

展示資料や模型、映像などから朝鮮通信使を学べる博物館。朝鮮通信使の衣装を体験できるコーナーもある。

対馬野生生物保護センター

保護されたヤマネコをふたたび野生に帰すための治療やリハビリをおこなう施設。生物多様性やヤマネコについて学べる展示や、ヤマネコ観察できるコーナーもある。

● 監修
長谷川直子
（はせがわなおこ）
お茶の水女子大学文教育学部人文科学科地理学コース准教授。研究のかたわら、地理学のおもしろさを伝えるべく活動中。

山本健太
（やまもとけんた）
國學院大學経済学部経済学科教授。地域の伝統や文化と、経済や産業の関係について研究をしている。

宇根 寛
（うねひろし）
明治大学、早稲田大学、日本大学、青山学院大学、お茶の水女子大学非常勤講師。国土地理院地理地殻活動研究センター長などをつとめたのち、現職。専門は地形。

● 編集
籔下純子

● 装丁・デザイン・イラスト・図版
本多翔

● 執筆
柿野明子（P.18〜26・P28〜37）
牧一彦（P.38〜45）
籔下純子（P.6〜17・P27）

● 写真
藤原武史

● たてものイラスト
サンズイデザイン

● 校正
水上睦男

国境（こっきょう）へ遊びにおいで！

● 監修協力
平尾正樹（日本気象株式会社）

● 取材協力
安藤智教（対馬市しまづくり推進部地域づくり課）／市山大輔（長崎県対馬振興局水産課）／糸瀬真太郎（対馬市農林しいたけ課）／上原松美（うえはら株式会社）／内山昌明（長崎県対馬振興局農業振興普及課）／唐津智子（海上保安庁政策評価広報室）／小島拓郎（対馬真珠養殖漁業協同組合）／JA対馬／対馬博物館／日高肇（対馬真珠養殖漁業協同組合長）／福田浩久（対馬市立豊小学校）／森悠統（対馬市教育委員会文化財課）／山川房子（対馬の郷土料理を学ぶ会）／山口功（長崎県対馬振興局対馬水産業普及指導センター）／山里の宿 田舎屋さいとう

● 写真協力
対馬観光物産協会（表紙：厳原港まつり・P.9下・P10・P.15上・P.28〜29・P.36〜37・P39 金田城・P.40・P.41清水山城・P44万関橋・P45姫神山砲台跡）／東京都（P.6沖ノ鳥島）／海上保安庁ホームページ（P.6西之島）／気象庁（P.11）／対馬市自然共生課（P.13ヤマネコ以外）／対馬野生生物保護センター（P.13ヤマネコ）／七洋製作所（P.17インタビュー）／豊小学校（P.18・P.19インタビュー以外）／九州郵船株式会社（P.21）／対馬市中対馬振興部地域振興課（P.20）／対馬海上保安部管理課（P.22〜23）／対馬市環境政策課（P.24〜25）／インパクトラボ（P.27）／JA対馬（P.30）／対馬市農林しいたけ課（P.31）／居村憲昭（P.33）／対馬市教育委員会文化財課（P.38土器）／対馬博物館（P.38・P.41）／長崎県対馬歴史研究センター（P.42）／九州国立博物館（P.43為政以徳印）／永留史彦（P.44日本海海戦記念碑）

● 図版協力
海上保安庁（P.7）／千秋社（P.8・P.21・P.45）／山本健太（P.9）／対馬市自然共生課（P.12）／対馬交通（P.21）

● 参考
『対馬せん（澱）物語』（溝田祐子著・交隣舎出版企画,2015）
『つしまっ子 郷土読本』（芳洲会著・交隣舎出版企画,2016）
『つしま百科（平成28年3月）』長崎県ウェブサイトより
『週刊日本の島 第5号対馬島 他』（デアゴスティーニ・ジャパン,2022）

現地取材！ 日本の国土と人々のくらし⑧
国境のくらし 長崎県対馬市（つしま）
発行 2023年11月 第1刷

監 修 長谷川直子 山本健太 宇根 寛
発行者 千葉 均
編 集 崎山貴弘
発行所 株式会社ポプラ社
〒102-8519 東京都千代田区麹町 4-2-6
ホームページ www.poplar.co.jp
kodomottolab.poplar.co.jp（こどもっとラボ）
印刷・製本 図書印刷株式会社

あそびをもっと、まなびをもっと。

こどもっとラボ

P7243008

現地取材！ 日本の国土と人々のくらし ——全8巻——

① あたたかい土地のくらし 沖縄県
監修／長谷川直子　山本健太

② 寒い土地のくらし 北海道
監修／長谷川直子　山本健太　宇根 寛

③ 雪国のくらし 新潟県十日町市・秋田県横手市
監修／長谷川直子　山本健太

④ 低い土地のくらし 岐阜県海津市・千葉県香取市
監修／長谷川直子　山本健太　宇根 寛

⑤ 高い土地のくらし 群馬県嬬恋村・長野県野辺山原
監修／長谷川直子　山本健太　宇根 寛

⑥ 山地のくらし 長野県飯田市
監修／長谷川直子　山本健太　宇根 寛

⑦ 火山とシラス台地のくらし 鹿児島県桜島・笠野原
監修／長谷川直子　山本健太　宇根 寛

⑧ 国境のくらし 長崎県対馬市
監修／長谷川直子　山本健太　宇根 寛

小学校高学年以上

N.D.C.291／A4変型判／各47ページ／オールカラー
図書館用特別堅牢製本図書

日本のさまざまな地形

地形とくらし

　人工衛星から見た地球は丸いボールのようですが、わたしたち人間の目で見ると、地球の表面はなめらかではなく、海や山や谷など凹凸があります。この地形が、気候やわたしたちのくらしに大きなかかわりをもっています。

　日本の国土は、山が多く、火山も多くあります。山地は日本列島を南北に背骨のように連なり、平地は少ないのが特徴です。そのため、地域によって気候が変わり、人びとのくらしぶりにも変化をもたらせたのです。

さまざまな地形

山地	標高が高く、山が集まっている地形。山地には、山脈、高地、高原、丘陵、火山などがある。		平地	地面の凹凸が少なく、平らな土地。平地には、平野、盆地、台地、低い土地がある。
山脈	山が連続して、細長く連なっている山地。		平野	河川の下流にある平地で、海面より高さが低い土地もある。
高地	標高が高く、高低差がそれほど大きくないところ。		盆地	周囲を山にかこまれている平らな場所。
高原	標高の高いところに、平らに広がっている土地。		台地	平地の中で、台のように高く平らになっている土地。
丘陵	低地の周辺にあり、標高がそれほど高くない場所。			
火山	地下のマグマが、噴きだしてできた山。			

大阪平野

飛騨山脈 ▶6巻

木曽山脈 ▶6巻

中国山地

播磨平野

筑紫山地

筑紫平野

九州山地

桜島 ▶7巻 ▲

四国山地

紀伊山地

濃尾平野 ▶4巻

伊那山地

宮崎平野

牧ノ原 ▶7巻

笠野原 ▶7巻

赤石山脈 ▶6巻